LES
AMANTS DE VÉRONE

DRAME LYRIQUE

Représenté pour la première fois, à Paris, sur le Théatre-Lyrique
le 10 octobre 1878

IMPRIMERIE GÉNÉRALE DE CHATILLON-SUR-SEINE, JEANNE ROBERT.

LES
AMANTS DE VÉRONE

DRAME LYRIQUE

EN CINQ ACTES, SIX TABLEAUX

IMITÉ DE SHAKSPEARE

POÈME ET MUSIQUE

DU MARQUIS D'IVRY

PARIS
CALMANN LÉVY, ÉDITEUR
ANCIENNE MAISON MICHEL LÉVY FRÈRES
RUE AUBER, 3, ET BOULEVARD DES ITALIENS, 15
A LA LIBRAIRIE NOUVELLE
—
1878
Droits de reproduction, de traduction et de représentation réservés

PERSONNAGES

CAPULET............................	MM.	DUFRICHE.
ROMÉO MONTAIGU.....................		CAPOUL.
LORENZO, moine franciscain.................		TASKIN.
TYBALT, neveu de Capulet.................		MAX CHRISTOPHE.
MERCUTIO. ⎱ amis de Roméo...............		FROMANT.
BENVOLIO. ⎰		LABARRE.
LE HÉRAULT DUCAL..........................		DARDIGNAC.
DEUXIÈME CAPULET.....................		BARIELLE.
GENNARO		COLOMB.
ANDREA		FILLE.
PETRUCCIO		ESCALA.
LODOVICO ⎱ amis de Roméo et de Mercutio...		MARTIN.
STENIO ⎰		RAYNAL.
ERCOLE		BONJEAN.
TIBERIO		COSTE.
UBERTO		SAVIGNY.
PARIS.............................		BLANC.
BALTHAZAR, page de Roméo. ⎱ personnages		
LES DEUX PAGES DE PARIS. ⎰ muets		
JULIETTE............................	Mmes	HEILBRON.
LA NOURRICE..........................		LHÉRITIER.

DAMES ET SEIGNEURS DE VÉRONE, BOURGEOIS, JEUNES GENS
ET JEUNES FILLES, HOMMES D'ARMES, LA FOULE.

La scène se passe à Vérone, vers la fin du xıv^e siècle.

NOTA. — On passe, à la représentation, toutes les indications et tous les vers marqués d'une astérique.

LES
AMANTS DE VÉRONE

ACTE PREMIER

Une salle de bal dans le palais Capulet. — On danse au lever du rideau.

SCÈNE PREMIÈRE

CAPULET, Dames et Seigneurs, masqués.

CHOEUR.

Sonnez, rebecs, sonnez, flûtes et viole ;
Et vous, danseurs, passez joyeux.
Sans y penser, gaiement l'heure s'envole,
Quand la musique est bonne et le cœur amoureux.

CAPULET, à ses hôtes.

Salut à vous, charmantes demoiselles,
Nobles seigneurs, beaux masques inconnus ;
Votre âge heureux pour la danse a des ailes,
Dansez ; chez Capulet soyez les bienvenus.

Aux cavaliers.

J'ai vu le temps, où l'amour et la danse
Allaient de pair, en ma verte saison ;
Mais ces beaux jours sont bien loin, et je pense
Que c'est à vous d'égayer la maison.

CHŒUR.

Sonnez, rebecs, sonnez, flûtes et viole ;
   Et vous, danseurs, passez joyeux.
Sans y penser, gaiement l'heure s'envole,
Quand la musique est bonne et le cœur amoureux.

SCÈNE II

LES MÊMES, JULIETTE, LA NOURRICE.

La foule s'écarte et Juliette paraît, suivie de la nourrice.

LE CHOEUR, se retirant un peu.

Juliette.

CAPULET.

Nourrice, approchez ; qu'on l'admire.
   Plus près, encor plus près.

JULIETTE.

Mon père bien-aimé de moi se plaît à rire.

CAPULET, tendrement.

Oh ! non, fillette.

LA NOURRICE.

     On l'a parée exprès
Pour gagner tous les cœurs... le vôtre aussi, messire.

CAPULET.

Elle a seize ans;
Elle est bonne, elle est belle;
Et rien qu'à voir fleurir son gai printemps,
Mon cœur s'émeut, il reverdit par elle;
Elle a seize ans.

ENSEMBLE

JULIETTE.

Mon cœur s'émeut, ô bonté paternelle,
Mon cœur s'émeut à tes accents.

LA NOURRICE.

Son cœur s'émeut, il reverdit par elle,
Il reverdit à ses seize ans.

CAPULET.

Mon cœur s'émeut, il reverdit par elle,
Il reverdit à ses seize ans!

CAPULET.

D'un époux la tendresse
Me va bientôt ravir ce gai printemps,
Aux beaux galants,
Toujours va la jeunesse;
Elle a seize ans.

ENSEMBLE

JULIETTE.

Mon cher seigneur, bannissez la tristesse,
Il est à vous, mon gai printemps.

LA NOURRICE.

Aux beaux galants toujours va la jeunesse,
Toujours, ma fille, après seize ans.

CAPULET.

Aux beaux galants toujours va la jeunesse,
Toujours, hélas! après seize ans.

CAPULET.

Non, tu n'es plus à moi, car le cousin du prince,
Pâris, a demandé ta main.
Regarde-le ce soir; tu me diras demain
S'il te plaît, mon enfant.

Il s'éloigne.

LA NOURRICE.

Le parti n'est pas mince.

JULIETTE.

Hé quoi! si jeune encore!

LA NOURRICE.

A l'âge où je vous vois,
Ma chère enfant, j'étais femme autrefois.

SCÈNE III

Les Mêmes, PARIS, puis DEUXIÈME CAPULET.

L'orchestre se met à jouer un air lent; Capulet a pris Pâris par la main et le présente à sa fille. — On danse.

CAPULET, à Juliette.

Le voilà, c'est Pâris.

A Pâris.

Allez, et bonne chance :

Pâris emmène Juliette pour danser, la nourrice s'éloigne, Capulet prend le bras du deuxième Capulet.

ACTE PREMIER

CAPULET.

Laissons ces jeunes fous
A la cadence.
Ils sont passés pour nous
Depuis longtemps, ces jours de danse;
Bon cousin Capulet, par grâce, asseyez-vous.

Les deux vieillards s'asseoient; la danse continue.

De nos derniers exploits, il vous souvient, je gage.

DEUXIÈME CAPULET.

Non.

CAPULET.

Comment donc, mon cher!... Mais si,
De Lucio c'était au mariage.

DEUXIÈME CAPULET.

C'est bien vieux.

CAPULET.

Mais pas tant.

DEUXIÈME CAPULET.

Allons, cousin, voici
Trente ans de ça.

CAPULET, s'échauffant.

Par Notre-Dame!
C'est un peu fort,
Et je réclame :
Vingt-cinq.

DEUXIÈME CAPULET.

Moi, je dis trente.

CAPULET, un peu piqué.

Eh bien! vous avez tort.

La danse est finie, Capulet et le deuxième Capulet se lèvent; Juliette disparaît avec Pâris. — On circule.

SCÈNE IV

ROMÉO, en habit de pèlerin, MERCUTIO, BENVOLIO,
et LES SEIGNEURS MONTAIGUS. — Ils ôtent leur masque.

TOUS, moins Roméo.

Par un beau soir d'avril, la plaisante aventure
D'arriver dans un bal, en galant inconnu ;
Sous le masque discret qui cache ta figure,
Chez le vieux Capulet te voilà bienvenu ;
   Par un beau soir, la plaisante aventure !

BENVOLIO.

Mais d'où vient, Roméo, d'où vient cet air fatal ?

MERCUTIO.

   Pourquoi rester ainsi muet et grave ?

TOUS, moins Roméo.

   Les Capulets te font-ils peur, mon brave ?

ROMÉO.

Non... Et pourtant j'eus tort de vous suivre à ce bal ;
     Ce lieu nous est contraire,
Jamais un Montaigu, depuis cent ans de guerre,
N'entra chez Capulet que le fer à la main.

TOUS, moins Roméo.

   Au diable ton histoire !
   Au diable ta mémoire !
   Et paix jusqu'à demain !

La foule des dames et des seigneurs a de nouveau rempli la scène ; Roméo et ses compagnons se mêlent aux groupes.

SCENE V

Les Mêmes, Seigneurs et Dames.

CHOEUR.

Sonnez, rebecs, sonnez, flûtes et viole ;
Et vous, danseurs, passez joyeux.
Sans y penser gaiement l'heure s'envole,
Quand la musique est bonne et le cœur amoureux.

Les groupes se dispersent de nouveau.

SCÈNE VI

ROMÉO, MERCUTIO et Ses Amis.

MERCUTIO, à Benvolio, en montrant Roméo.

Benvolio, de cette humeur funeste,
Je connais la raison.

A Roméo.

Gageons que ton souci
Vient de ne pas trouver la Rosaline ici?
Ta nosaline, hé bien! je la déteste
A l'égal de la pluie, à l'égal de la peste.

I

Visage pâle, œil ténébreux,
Dont jamais un rayon ne déchira les voiles :
Ta Rosaline au cœur mystérieux,
Rien qu'à la voir, me glace jusqu'aux moelles.

TOUS, moins Roméo et Mercutio.

Il a raison.

MERCUTIO.

Profil superbe et front royal,
C'est un camée, un fin régal
De peintre en quête de modèle ;
C'est Galathée au cœur dormant,
Avant le jour où son amant
Sut éveiller la vie en elle.
C'est, en un mot, tout ce que tu voudras.
Mais une femme, oh ! que non pas.
Va, cherche ailleurs : tu trouveras
A te venger de la cruelle.

TOUS, moins Roméo et Mercutio.

Va, cherche ailleurs : tu trouveras
A te venger de la cruelle.

MERCUTIO.

II

* Dès le matin, tu vas errant,
* Et le soir te retrouve errant encor de même ;
* Bref, te voilà maigre comme un hareng ;

Aux autres.

* Messieurs, voyez un peu sa face de carême.

TOUS, moins Roméo et Mercutio.

* Il a raison.

MERCUTIO.

* Au lieu, mon cher, de vivre ainsi,
* Sans nul remède à ton souci,
* Sans aucun espoir où te prendre ;
* Au lieu d'attendre et de sécher
* Devant ce diable de rocher
* Que nul miracle ne doit fendre ;
* Au lieu de perdre et ta peine et tes pas...
* Ferme les yeux, ouvre les bras :

* Au même instant tu trouveras
* Dix cœurs pour un enchantés de se rendre.

TOUS, moins Roméo et Mercutio.

* Au même instant, tu trouvera
* Dix cœurs pour un enchantés de se rendre.

ROMÉO, à Mercutio.

Ami terrible, épargne-moi.
Vrai présage ou mensonge,
Mercutio, j'ai fait un songe
Qui me remplit d'effroi.

MERCUTIO.

Ah! ceci devient grave...

ROMÉO.

Un voile
Dérobe le coup trop certain,
Que le destin
Suspend encore à mon étoile.
Vous le voulez, c'est bien; restons, et que mon sort
Se décide en restant, dût s'ensuivre la mort.

TOUS, excepté Roméo.

La mort vraiment; quelle folie!
Nous te laissons
A ta mélancolie,
Mon cher, adieu; sans toi nous danserons.

Ils se dirigent vers la salle du fond et disparaissent. — Roméo fait quelques pas comme pour les suivre, puis s'arrête en apercevant Juliette qui entre, appuyée sur le bras de la nourrice. Il remet son masque.

SCÈNE VII

ROMÉO, JULIETTE, LA NOURRICE.

JULIETTE, avec abandon.

Ah! nourrice, nourrice,
Combien je suis heureuse!

LA NOURRICE.

Oui, divertissez-vous,
La danse est de votre âge, et pour un cœur novice
Le plaisir de danser est charmant entre tous.

ROMÉO.

O merveille d'amour, ô candeur, ô jeunesse!
Tout a pâli devant l'enchanteresse.

ENSEMBLE

ROMÉO.

Rayon du ciel, le charme qui la suit
A pénétré mon âme et dissipé ma nuit.

JULIETTE, à la nourrice, apercevant Roméo.

Mais vois donc, là, sombre comme la nuit,
Cet inconnu masqué dont le regard nous suit.

LA NOURRICE, de même.

Mais voyez donc, sombre comme la nuit,
Cet inconnu masqué dont le regard nous suit.

ROMÉO, ôtant son masque.

Fille au charmant visage,
Au front chaste et serein,

Comme une sainte image,
Accueillez cet hommage
Du pieux pèlerin.

<small>Il baise timidement la main de Juliette.</small>

JULIETTE.

Qu'en penses-tu, nourrice?
A ce beau pèlerin je veux être propice
Et tendre l'autre main.

<small>Elle tend sa main à Roméo qui la baise.</small>

LA NOURRICE.

Je n'y vois aucun mal; c'est d'un cœur fort humain.

ENSEMBLE

JULIETTE.

Ah! sa ferveur extrême
Redouble à notre voix;
Il croit, espère, il aime
A la fois.

LA NOURRICE.

Ah! sa ferveur extrême
Redouble à votre voix;
Il croit, espère, il aime
A la fois.

ROMÉO.

Ah! ma ferveur extrême,
Redouble à votre voix;
Je crois, j'espère et j'aime
A la fois.

LA NOURRICE, à Juliette.

Le jeune homme est fort bien; et voyant sa prestance,
J'aimerais aujourd'hui
Être encore à votre âge et danser avec lui.

ROMÉO, à Juliette.

Comme elle a deviné ma secrète espérance.
Daignez lui pardonner. .

JULIETTE.

De grand cœur je l'absous.

ROMÉO, avec feu.

Prenez mon bras, alors.

LA NOURRICE.

Un peu de patience :
Quand reviendra le bal; jusque-là, calmez-vous.

ROMÉO, transporté.

Rosaline a fait place à cet ange adorable,
Et je connais la beauté véritable.

ENSEMBLE

ROMÉO.

Réponds, mon cœur, et regardez, mes yeux :
Avais-je aimé jamais, avais-je aimé, grands dieux!
Ah! moment de bonheur, ah! moment ineffable!

JULIETTE.

Oui, je bénis sa venue en ces lieux,
Elle a doublé la fête en mon cœur plus joyeux.
Ah! moment de bonheur, ah! moment ineffable!

LA. NOURRICE.

Moi je ne vois qu'un coupable en ces lieux
Et c'est Pâris absent. Que fait cet amoureux?
Ah! jeunesse, jeunesse, ah! moment ineffable !

Juliette appuie sa tête sur l'épaule de la nourrice, tandis que Roméo la contemple immobile et comme en extase. Tout à coup l'orchestre se met à jouer l'air sur lequel se danse le pas de la torche, sorte de cotillon du temps où chaque dame offrait un flambeau allumé au danseur qu'elle voulait choisir.

LA NOURRICE.

Mais le bal
Bientôt va reprendre;
Car du jeu de la torche on entend le signal.
Donc, sans attendre
Prenez-en votre part;
C'est tant pis pour Pâris, s'il arrive trop tard.

SCÈNE VIII

Les Mêmes, Seigneurs et Dames.

CHOEUR.

Ici commence
Et vient le jeu
Dont une torche fait l'enjeu.

Juliette et Roméo se mêlent à la danse. La nourrice s'éloigne après les avoir regardés un instant.

Gaîment suivez la danse,
Mon beau
Jouvenceau;
A vous la préférence
Avec ce flambeau.

ROMÉO.

Auprès d'elle il me semble avoir passé ma vie.

JULIETTE.

Je l'écoute, et pourtant je ne le connais pas.

ROMÉO.

Je le vois, je lui parle, et mon âme est ravie.

JULIETTE.

Se peut-il déjà que j'oublie
Et toute chose, et moi-même à son bras?

CHŒUR.

Belle jeunesse,
Aux passe-temps
Donnez vos printemps.
Gaieté, liesse,
Amour
N'ont qu'un jour.
Que recommence
Ici le jeu.
Dont une torche fait l'enjeu.
Gaîment, suivez la danse,
Mon beau
Jouvenceau;
A vous la préférence
Avec ce flambeau.

Les groupes se dispersent. — Juliette et Roméo restent un moment encore après l'entrée de Tybalt et de Capulet.

SCÈNE IX

Les Mêmes, TYBALT,
avec Plusieurs Seigneurs Capulets, puis CAPULET.

TYBALT, montrant Roméo aux seigneurs.

J'ai reconnu sa voix maudite; et, sur ma tête,
C'est bien un Montaigu qui vient à notre fête.

A un page.

Page, va me chercher ma rapière.

CAPULET.

Un moment :
Et dis-moi, beau neveu, d'où vient cette bourrasque?

TYBALT.

Voyez-vous cet infâme? Il a remis son masque,
Et, ma cousine au bras, devise galamment.
C'est Roméo lui-même ; et moi, je fais serment
De l'étendre à vos pieds, s'il ne sort promptement.

TOUS, moins Tybalt et Capulet.

Qu'il succombe à vos pieds, s'il ne sort promptement!

CAPULET, tandis que Roméo s'éloigne avec Juliette.

Doucement, cher Tybalt : Vérone tout entière
Proclame ce garçon gentilhomme accompli ;
J'entends que ma maison lui soit hospitalière,
Et que ma volonté n'y soit pas en oubli.

TYBALT et SES AMIS.

Quoi! ne pas châtier une telle bravade,
Et, devant cet affront, se taire et rester court!
Permettez qu'on lui serve une bonne estocade :
A frapper cet intrus le péché n'est pas lourd!

CAPULET, vivement.

Gardez-vous-en, pour Dieu! qu'injure ni dommage
    Ne lui soient faits céans ;
  Mais laissez-le s'amuser ; car son âge
  Est la saison des joyeux passe-temps ;
  Laissez-le donc : j'en fis bien davantage
  Lorsque j'avais, comme lui, mes vingt ans.

TYBALT et SES AMIS.

Il faut donc frémissants rengaîner sa colère,
Sous le coup d'un affront se taire et rester court!
A bientôt, Montaigu ; si l'attente est amère,
Plus amère sera la vengeance à son tour.

CAPULET.

Et maintenant, qu'on retourne à la danse,
Où mainte dame attend, cavaliers oublieux,
Que vous lui reveniez, pour entrer en cadence.
Discourir est bien fou, lorsqu'on peut faire mieux.

<small>Tybalt et ses amis s'en vont. Capulet va parler à la nourrice, tandis que Juliette rentre en scène avec Roméo.</small>

SCÈNE X

JULIETTE, ROMÉO, LA NOURRICE, MERCUTIO, BENVOLIO et Leurs Amis,
puis Les Invités.

LA NOURRICE, à Juliette, après avoir quitté Capulet qui s'éloigne.

Votre père vous cherche. Il veut à l'instant même
Vous dire un mot.

<small>Juliette s'éloigne.</small>

ROMÉO, à la nourrice.

Quel est son père ?

LA NOURRICE.

Hé, s'il vous plaît,
Le maître de céans, le seigneur Capulet ;
Moi j'ai nourri jadis l'enfant qui vous parlait.

<small>Elle s'en va.</small>

ROMÉO.

Capulet est son père, ô ciel ! Et moi je l'aime.

MERCUTIO, BENVOLIO, SEIGNEURS MONTAIGUS, à Capulet qui cherche à les retenir.

Il se fait tard; Capulet, au revoir.

CAPULET.

De vous garder encor, messieurs, j'avais l'espoir.

MERCUTIO, à Roméo.

Crains un esclandre.

BENVOLIO, de même.

Pars sans attendre.

TOUS, à Capulet.

Cher seigneur, bonsoir.

Roméo les suit, mais il reste le dernier, et, avant que de partir, regarde plusieurs fois du côté de Juliette qui est rentrée en scène avec la nourrice.

JULIETTE, à demi-voix et montrant un des seigneurs Montaigus.

Nourrice, un mot : Quel est ce gentilhomme?

LA NOURRICE.

Mais de Tiberio c'est le noble héritier.

JULIETTE.

Quel est ce jeune cavalier?

LA NOURRICE.

Petruccio, je crois.

JULIETTE, indiquant enfin Roméo.

Et cet autre? — Vois comme
Il s'éloigne à regret, puis revient sur ses pas!

LA NOURRICE.

Le pèlerin? — Je ne le connais pas.

JULIETTE.

Cours demander son nom, et viens me le redire..

La nourrice va s'informer.

Ah ! s'il est marié, que mon lit nuptial
Soit le cercueil...

LA NOURRICE, revenant au moment où Roméo disparaît.

Eh bien !... sachez que ce beau sire
S'appelle Roméo Montaigu...

JULIETTE.

Dieu ! j'expire.
Ah ! c'est trop tard, et pour moi, cet amour fatal
Sera la mort.

Elle s'éloigne au bras de la nourrice, tandis que les danses reprennent.

CHOEUR.

* Que recommence
* Ici le jeu,
* Dont une torche fait l'enjeu.
* Allez, et suivez la danse
* En gardant bien votre feu.

Le rideau tombe.

ACTE DEUXIÈME

PREMIER TABLEAU

Les jardins du palais Capulet. — A gauche, l'appartement de Juliette, avec fenêtre donnant sur un balcon un peu élevé. — A droite, les jardins. — Dans le fond, Vérone éclairée par la lune.

SCÈNE PREMIÈRE

JULIETTE et CHOEUR.

Au lever du rideau, le théâtre est vide.

CHOEUR, *derrière le théâtre.*

C'est l'heure où la brise enivrante
Souffle dans l'air plus doucement;
C'est l'heure où Phœbé rayonnante
Montre au ciel son disque d'argent.
Juliette paraît à son balcon.
C'est l'heure où le cœur est sans arme
Contre les aveux de l'amour;
Laissons-nous donc aller au charme
Qui doit cesser avec le jour.
Les voix se perdent dans l'éloignement.

JULIETTE, paraissant sur le balcon.

Dans la nuit, dans leurs chants, dans mon cœur, c'est l'amour.

SCÈNE II

JULIETTE, ROMÉO.

ROMÉO.

Enfin, ces chers amis viennent de disparaître.
Avec eux, plus longtemps pouvais-je rire ainsi!
Pouvais-je aller plus loin, quand mon cœur est ici!
Ah! l'on rit de l'amour avant de le connaître.
Dieu! c'est elle; ô bonheur! Loin de ces lieux, hélas!
Je devrais fuir... Un charme enchaîne ici mes pas.

JULIETTE.

Amour fatal! — il me pénètre.
Oui, mon âme a trouvé
Son seigneur et son maître,
Il est venu; c'est lui, l'époux que j'ai rêvé.
Roméo, Roméo, pourquoi faut-il, cher ange,
Que tu sois Montaigu?...

ROMÉO, se montrant.

J'abjure un nom fatal :
Ton amant, c'est le nom que je veux en échange.

JULIETTE.

Dieu! cette voix... Soudain, j'ai frémi comme au bal,
Et je l'ai reconnu.

ROMÉO.

Pardonne au téméraire.

ACTE DEUXIÈME

JULIETTE.

Fuis, Roméo, fuis, malheureux ;
Car, si mon père
Te surprend dans ces lieux,
C'est la mort.

ROMÉO.

Ah ! qu'importe, ô maîtresse adorée !
Puisque de tes aveux mon âme est enivrée,
Puisque ton cœur se donne à mon cœur amoureux.

JULIETTE.

Je voudrais pouvoir feindre encore, et les reprendre,
Ces mots qui t'ont livré mon âme sans retour.
Beau Montaigu, tu dois trouver trop tendre
L'aveu si prompt de mon amour.
D'un front sévère, eh bien ! je puis m'armer encore,
Si tu le veux... et feindre la rigueur.
Mais non, j'aime bien mieux redire que j'adore,
Et puis mourir après de honte et de bonheur.

ENSEMBLE

JULIETTE.

J'aime mieux, cher amant, redire que j'adore,
Et puis mourir après de honte et de bonheur.

ROMÉO.

O nuit divine, ô nuit d'amour, prolonge encore,
Et fais durer toujours ce rêve et mon bonheur.

Un long silence.

JULIETTE.

Le temps s'enfuit, la nuit s'avance ;
Mon cher seigneur, faites-moi vos adieux.

ROMÉO.

Ah ! si tu pars, il me faut l'assurance
De te revoir...

JULIETTE.

Oui, bientôt.

ROMÉO.

Dans ces lieux?

JULIETTE.

Non, pas ici, — mais dans le sanctuaire
De Lorenzo, le pieux franciscain.
Si ton amour loyal a pour but notre hymen,
J'y serai dès le jour.

ROMÉO.

O promesse bien chère!

ENSEMBLE

JULIETTE et ROMÉO.

De la nuit
Qui s'enfuit
C'est la dernière veille;
Quittons ces lieux,
Alors que tout sommeille.
De ces adieux
Mystérieux
Le charme est si grand encore,
Que, si j'osais,
Je te dirais :
« Adieu jusqu'à l'aurore. »

Juliette disparaît.

ROMÉO, seul.

Pourquoi t'enfuir si tôt, et laisser dans mon cœur
Tant de tristesse, hélas! après tant de bonheur!

JULIETTE, reparaissant.

C'est encor moi... J'ai voulu te redire

Combien, en te quittant, j'éprouve de regret,
Combien je t'aime. Adieu !

Elle rentre.

ROMÉO, seul.

Tu pars, et le sourire,
Fille adorable, avec toi disparaît.

Roméo se retire lentement, tandis que le chœur reprend, tout au loin, derrière le théâtre.

CHŒUR.

C'est l'heure où la brise enivrante
Souffle dans l'air plus doucement ;
C'est l'heure où Phœbé rayonnante
Montre au ciel son disque d'argent.

Le rideau tombe pour un instant et se relève sur le décor de la cellule.

DEUXIÈME TABLEAU

La cellule de Lorenzo. — Le jour est venu.

SCÈNE PREMIÈRE

LORENZO, seul ; il tient à la main une corbeille remplie de fleurs et de plantes médicinales.

A l'aube aux yeux gris quand l'ombre a fait place,
Dans le ciel baigné de vagues lueurs ;
Avant que le jour embrase l'espace,
    J'ai cueilli ces fleurs.
    J'ai la ciguë avec la menthe,
    L'euphorbe avec le citronnier.
    Poison subtil et bonne plante,
    Mon art saura tout employer.
    Ainsi fais-tu, mère attentive,
    O toi, nature, dont la main
    Mit le dictame qui ravive,
    Tout à côté du noir venin.
A l'aube aux yeux gris quand l'ombre a fait place,
Dans le ciel baigné de vagues lueurs ;
Avant que le jour embrase l'espace,
    J'ai cueilli ces fleurs.

Roméo paraît sur le seuil de la cellule.

SCÈNE II

LORENZO, ROMÉO.

ROMÉO.

Bonjour, père.

LORENZO.

C'est toi. Quelle raison t'amène
De si bonne heure? — Est-ce plaisir ou peine?

ROMÉO.

Ah! c'est plaisir et peine : c'est l'amour.

LORENZO.

Confesse-toi franchement, sans détour,
Comme un bon fils. — Ainsi, tu fais encor la cour
A Rosaline...

ROMÉO.

Oh! non, j'ai quitté la cruelle,
Et celle que j'adore est meilleure et plus belle.

LORENZO.

De mal en pis c'est ainsi que tu vas.

ROMÉO.

Elle m'aime; en ces lieux je l'attends, je l'espère,
Et vous allez bénir notre hymen, ô mon père.

LORENZO.

Cœur changeant!

ROMÉO.

Soyez bon et ne me grondez pas.

Juliette paraît.

SCÈNE III

LORENZO, ROMÉO, JULIETTE.

ROMÉO.

La voici.

LORENZO.

Qu'ai-je vu?

JULIETTE.

Roméo!

ROMÉO.

Juliette!

JULIETTE.

Mon père, auprès de vous, qu'il soit mon interprète.

LORENZO, à part.

Du ciel, dans cet hymen
Je crois trouver la main.

A Roméo et à Juliette.

Le ciel peut se servir de cette amour soudaine
Pour éteindre, en vos deux maisons, l'antique haine,
Montaigus, Capulets, seront unis, le jour
Où l'on pourra divulguer votre amour.

A Roméo.

Jusque-là, sois prudent.

ROMÉO.

Je le promets, mon père,
Malgré tant de bonheur. Car jamais la lumière
D'un ciel plus radieux
N'illumina, sur terre,

Le front transfiguré d'un mortel plus heureux.

JULIETTE et ROMÉO.

Ah! daignez seulement m'unir à ce que j'aime;
Puis, vienne le trépas demain,
Oui, le trépas lui-même;
Il ne pourra jamais de cet instant suprême
Nous ravir à présent l'enchantement divin.

LORENZO.

A genoux, et priez.

ROMÉO et JULIETTE, s'agenouillant.

C'est Dieu qui vous éclaire :
Merci, mon père.

LORENZO.

Je vais bénir votre hymen.

ROMÉO et JULIETTE.

Amen!

LORENZO, étendant les mains sur eux.

Enfants, soyez unis par mon saint ministère.
Les relevant.
Et maintenant allez; Dieu veillera sur vous.
Tenez-vous prêts pourtant, le long de votre voie,
A récolter, hélas! plus de deuil que de joie :
Les bonheurs aussi grands font les destins jaloux.

ENSEMBLE

ROMÉO et JULIETTE.

Quel que soit l'avenir que nous garde la vie,
Quel que soit le destin, je ne crains rien de lui;
Il n'est pas de douleur, d'autres douleurs suivie
Dont l'excès puisse atteindre au bonheur d'aujourd'hui.

LORENZO.

L'amour sourit, enfants, à votre jeune vie ;
Mais le sort est changeant, ne comptez pas sur lui.
D'un réveil douloureux toute ivresse est suivie,
Et la nuit peut se faire où l'espoir avait lui.

Le rideau tombe.

ACTE TROISIÈME

La place de la Signoria. — Au premier plan, à gauche, le palais Capulet.— A droite, une taverne. — Du même côté, plus au fond, le palais ducal des Della Scala. — Au lever du rideau, la foule encombre la place, des bourgeois sont attablés devant la taverne. — On danse. — Soleil resplendissant.

SCÈNE PREMIÈRE

LA FOULE, Jeunes Gens, Jeunes Filles.

CHOEUR.

Vérone
Rayonne ;
Le jour est pur :
Le gai printemps qui la couronne
Dans le ciel étend son manteau d'azur ;
Le gai printemps luit sur
Vérone.

JEUNES FILLES.

Pour la vaillance et la fierté,
La gaîté,
Est-il jeunesse en Lombardie,
Égale aux fils de saint Zénon
Beau patron ?

Est-il, en Italie,
Cité plus accomplie
Que cet heureux séjour,
Où rit le ciel, où rit l'amour?

JEUNES GENS.

Pour la tendresse
Et la beauté,
La gaîté,
Est-il ailleurs une jeunesse
Égale aux filles de céans,
Beau printemps?
Est-il, en Italie,
Cité plus accomplie,
Que cet heureux séjour
Où rit le ciel, où rit l'amour?

CHOEUR.

Vérone
Rayonne,
Le jour est pur.
Le gai printemps qui la couronne
Dans le ciel étend son manteau d'azur ;
Le gai printemps luit sur
Vérone.

La foule se disperse dans le fond du théâtre. — Entrent Mercutio, Benvolio et seigneurs Montaigus.

SCÈNE II

MERCUTIO, BENVOLIO, Seigneurs Montaigus,
puis LE HÉRAUT DUCAL et Escorte;
La Foule.

BENVOLIO.

Venez, messire, venez,
Le sort qui nous rassemble,
Nous a juste amenés
Là,
Montrant la taverne.
Pour dîner ensemble.
Entrons d'abord, car le jour est brûlant;
Et puis, les Capulets vont partout circulant,
La dague au poing, l'air insolent,
Malgré l'ordre ducal.

MERCUTIO.

Entrons; mais ta prudence
Me surprend.

BENVOLIO.

J'eus toujours horreur de l'abstinence.

MERCUTIO.

Et que fait Roméo?

BENVOLIO.

J'en ai quelque souci.

MERCUTIO.

Évanoui, perdu, fondu… — C'est donc ici
Le cas de l'évoquer. Vous, regardez bien si
Le charme opère.

I

Amour, caprice, ou bien chimère,
Car tous ces noms sont bien à toi,
O Roméo, vivant mystère,
Dans un soupir, apparais-moi.
Rien qu'un sonnet à la cruelle,
Un simple hélas! un *Oremus*,
Un *Oremus* au Dieu rebelle,
Cupidon, fils de Vénus.

SEIGNEURS MONTAIGUS.

Rien ne paraît, rien à la ronde,
Nulle voix qui réponde.
Triste sort!
Sans doute il est mort.

II

MERCUTIO.

Par les yeux noirs de Rosaline,
Son col charmant, son front si pur,
Et par sa lèvre grenadine,
Éclair de pourpre au ciel obscur,
Par ses bras nus des jours de fête,
Et par maint charme plus secret,
Parais, — sinon rien ne m'arrête
En ce voyage indiscret.

SEIGNEURS MONTAIGUS.

Rien ne paraît, rien à la ronde,
Nulle voix qui réponde,
Triste sort!
Sans doute il est mort.

MERCUTIO.

Eh! non, messieurs; mais cette Rosaline,
Au cœur de marbre, à tel point le chagrine
Depuis tantôt six mois, qu'on l'en voit entiché,

ACTE TROISIÈME

Qu'il en deviendra fou...

A Benvolio.

Chez lui l'a-t-on cherché?

BENVOLIO.

Oui, mais depuis hier il n'a pas, que l'on sache,
Reparu chez son père.

MERCUTIO.

Il nous fuit, il se cache.

BENVOLIO.

Un billet de Tybalt l'attend à la maison.

MERCUTIO et SEIGNEURS.

C'est un cartel : eh! bien, il y fera raison.

Ils entrent dans l'intérieur de la taverne.

LA FOULE, *qui a entendu les derniers mots des seigneurs Montaigus.*

Qu'ils aillent au diable!
Intolérable
Est notre destin.
Oui, chaque jour, dès le matin,
Rixe et grands coups, combat certain,
Comme de soudards et de reîtres.
Les Montaigus, les Capulets,
Aujourd'hui ce sont les valets,
Et demain ce seront les maîtres.
Écharpez-vous jusqu'au dernier,
Sans paix ni trêve, ni quartier,
De votre nom purgez la ville.
O Montaigus, ô Capulets,
Écharpez-vous. — Peut-être, après...
Pourra-t-on boire enfin tranquille.

Trompettes sur le seuil du palais. — Le héraut ducal paraît et descend les degrés, suivi d'une escorte.

LE HÉRAUT DUCAL.

De par Scala qu'irritent vos méfaits

Et ces combats que ramène chaque heure,
Nobles, bourgeois, manants, Montaigus, Capulets,
Que jusqu'au soir chacun regagne sa demeure.

Le héraut ducal et l'escorte traversent la place et disparaissent par le fond.

LA FOULE, se dispersant.

Allons, vraiment, c'est comme un fait exprès,
Le diable aux Montaigus, le diable aux Capulets.

Tous s'éloignent dans diverses directions, et la scène reste vide un instant. — Entre Roméo.

SCÈNE III

ROMÉO, seul, les yeux fixés sur le palais Capulet.

Que Dieu la garde!

Avec feu.

Et maintenant que rien ne vous retarde;
Vers l'occident fuyez, coursiers du jour.
Précipitez votre marche, hâtez l'heure
Qui doit guider mes pas vers la chère demeure,
Et me livrer enfin mon domaine d'amour.

I

Qu'elle est lente à venir, cette heure du mystère
Où, la nuit endormant Vérone solitaire,
Juliette ouvrira son logis à l'époux.
C'est elle; je la vois émue et palpitante;
Je l'entends murmurer d'une voix frémissante :
« Mon amour, est-ce vous? »

II

Oui, c'est moi, moi qui viens, en cet instant suprême,
Réclamer tous les droits que le ciel a lui-même,
Par la voix de son prêtre, accordés à l'époux.

Chère âme, ne crains rien, ah! ne crains rien d'un maître
Que ta voix a troublé jusqu'au fond de son être,
   Et qui tombe à genoux.

<small>Mercutio, Benvolio et les seigneurs Montaigus se montrent sur le seuil de la taverne.</small>

SCÈNE IV

ROMÉO, MERCUTIO, BENVOLIO et LES SEIGNEURS MONTAIGUS.

MERCUTIO, BENVOLIO et LES SEIGNEURS.

Roméo!
<small>S'approchant de Roméo et l'entourant.</small>
   Sors du rêve, et pardieu! réponds-nous.

MERCUTIO.

Réponds, explique un peu cette nouvelle frasque.

BENVOLIO.

Et dis pourquoi, dans ton humeur fantasque,
Après le bal, tu nous as plantés là.

MERCUTIO.

Est-ce pour Rosaline?

ROMÉO.

   Allons donc!

MERCUTIO.

            Bien cela.
   Alors j'oublie
Ton procédé sommaire et discourtois.

BENVOLIO.

C'était donc pour une autre? — Hé bien, laide ou jolie,

Reçois mes compliments sur l'objet de ton choix.

MERCUTIO.

Mais elle est bien sans doute. Allons, parle, raconte
Et son âge et son nom, la couleur de ses yeux;
 Sois indiscret, mortel heureux.

Roméo fait signe qu'il ne parlera pas.

 Comment! rien. — Quelle honte!
Se défier ainsi!

MERCUTIO, apercevant la nourrice qui entre par le fond, à gauche.

 Mais peut-être allez-vous
En apprendre plus long, messieurs, car près de nous...

SCÈNE V

Les Mêmes, LA NOURRICE.

MERCUTIO.

Ici je vois venir une matrone,
 Dont l'air discret et toute la personne
  M'ont révélé, sans trop d'effort,
L'excellente nature : ou je me trompe fort.

TOUS, indiquant Roméo.

C'est à lui qu'elle en veut. Il a rougi d'abord.

LA NOURRICE.

Pardon, messieurs, pardon, c'est un message
 Fort important qui m'amène en ces lieux.
  A l'un de vous je dois remettre un gage,
A certain Roméo, le plus bel amoureux
Dont jamais noble dame ait eu le doux servage.

ACTE TROISIÈME

MERCUTIO, indiquant Roméo.

Fort bien, ma chère, et le voici,
Pour vous servir; car, Dieu merci !
Il est prêt à bien faire,
Dans toute amoureuse affaire.

Poussant Roméo.

Va, mon cher, et surtout ne rougis pas ainsi.

LA NOURRICE, le tirant un peu à l'écart.

Quand de minuit résonneront encore
Les derniers coups à l'église Saint-Paul,
Vers la beauté que votre cœur adore

Lui montrant une échelle de soie.

L'échelle que voici guidera votre vol !
Et moi je veillerai sur vous, jusqu'à l'aurore.

ROMÉO, la bourse à la main.

C'est pour ta peine.

LA NOURRICE.

Hé non! monsieur, pas un denier.

ROMÉO.

Prends vite et pars.

LA NOURRICE, acceptant.

C'est grand merci, beau cavalier.

MERCUTIO, gouailleur.

Adieu, matrone secourable,
Adieu, l'antique dame, adieu.

LA NOURRICE.

L'impertinent !
Vit-on jamais pareil manant !

MERCUTIO, BENVOLIO, SEIGNEURS.

L'ambassadrice est admirable.

Éclatant de rire.

Ha! ha!

LA NOURRICE, *furieuse.*

C'est un manant.

Elle sort en menaçant du geste. Entrent Tybalt, Pâris et seigneurs Capulets. Ils arrivent par le fond à droite, tandis que d'autres Montaigus entrent du côté opposé.

SCÈNE VI

Les Mêmes, moins LA NOURRICE, TYBALT, PARIS, Seigneurs Capulets et Nouveaux Seigneurs Montaigus.

TYBALT, aux Capulets.

Arrêtez, cavaliers.

Aux Montaigus.

Deux mots à l'un de vous.

MERCUTIO.

Deux mots, bien volontiers,
Et trois, si tu le veux.

TYBALT.

Roméo, je te trouve
Enfin, — et puis montrer le mépris que j'éprouve
Pour ta personne...

ROMÉO, *dégaînant vivement.*

En garde!

Un moment d'hésitation. Il rentre son épée dans le fourreau.

Eh bien, non. — Tu sauras
Que j'ai, pour te chérir, une raison secrète.
Cette raison m'arrête :

Elle apaise mon cœur et désarme mon bras.

TYBALT.

Rien ne peut te soustraire, enfant, à ma vengeance ;
La fuir est impossible, il faut y renoncer.
    En garde ! et songe à ta défense.

ROMÉO.

Non, Tybalt ; car jamais je n'ai pu t'offenser,
Et je t'aime bien plus que tu ne dois penser.

MERCUTIO, BENVOLIO, SEIGNEURS MONTAIGUS, à Roméo.

    Tu peux souffrir un tel langage
Sans bondir, sans frapper !

A Tybalt.

        Eh bien ! donc c'est à nous
De relever l'outrage.
Allons, Tybalt !

PARIS et SEIGNEURS CAPULETS

    Il est à vous.

ENSEMBLE

ROMÉO.

Tu le sais bien que ce cœur n'est pas lâche ;
Mais tu le fis humain, ô Dieu puissant !
Autour de moi, toujours, horrible tâche !
Toujours la haine, hélas ! avec le sang.

TOUS LES AUTRES.

A nous alors, puisqu'il trahit sa tâche ;
Mon bras est sûr et mon cœur frémissant.
Dégaîne et tremble, ô race infâme et lâche ;
Le fer en main : car il nous faut du sang.

Mercutio et Tybalt commencent à se battre.

ROMÉO, cherchant à les séparer.

Mercutio, Tybalt, ô rage sanguinaire !

Arrêtez!

Il se précipite entre les deux combattants, l'épée de Tybalt passe sous son bras et atteint Mercutio.

MERCUTIO.

Ah!

ROMÉO.

Touché?

MERCUTIO, *chancelant et soutenu par les Montaigus.*

Par Dieu! j'ai mon affaire.
Et bien à fond. — Aussi, pourquoi venir
Te jeter entre nous?

Se redressant, et avec force.

Vos familles, au diable!

Il retombe.

Je meurs...

ROMÉO.

Secourez-le.

LES MONTAIGUS.

Tout espoir doit finir,
Il a vécu.

ROMÉO, *accablé.*

Grand Dieu! combien je fus coupable,
Mercutio, si tu meurs, c'est par moi.
C'est par moi que tu meurs;

Montrant Tybalt.

Et lui, le misérable!
Il triomphe, il existe.

Dégaînant.

Infâme, défends-toi.

Pendant l'ensemble suivant, on emporte le cadavre de Mercutio.

ENSEMBLE

ROMÉO.

Car maintenant je vais remplir ma tâche;

ACTE TROISIÈME

Mon bras est sûr et mon cœur frémissant.
A toi la mort, ô race infâme et lâche,
Le fer en main, car il me faut ton sang.

TYBALT.

Oui, maintenant, je vais finir ma tâche,
Mon bras est sûr et mon cœur frémissant.
A toi la mort, ô race infâme et lâche,
Le fer en main, car il me faut ton sang.

BENVOLIO et MONTAIGUS.

Oui, maintenant il va remplir sa tâche,
Son bras est sûr, et son cœur frémissant,
A toi la mort, ô race infâme et lâche,
Le fer en main, car il nous faut ton sang.

PARIS et CAPULETS.

Oui, maintenant il va finir sa tâche ;
Son bras est sûr et son cœur frémissant,
A toi la mort, ô race infâme et lâche,
Le fer en main, car il nous faut ton sang.

Roméo se bat avec Tybalt, Tybalt tombe ; on cesse de se battre. Entrent Lorenzo, puis Capulet, la nourrice, enfin la foule, hommes et femmes.

SCÈNE VII

Les Mêmes, moins MERCUTIO, LORENZO, CAPULET, LA NOURRICE, La Foule, enfin LE HÉRAUT DUCAL et Son Escorte.

BENVOLIO et LES MONTAIGUS, indiquant Tybalt.

Il en tient.

PARIS et CAPULETS.

Il se meurt.

LORENZO, penché sur Tybalt.

Seigneur, soyez propice,
Et que votre pardon l'accompagne au tombeau.

CAPULET.

Qui l'a frappé?

LES CAPULETS.

C'est Roméo.

CAPULET.

Vengeance donc!

LE HÉRAUT DUCAL, rentrant par le fond suivi de l'escorte.

Justice!

TOUS.

Justice! — Eh bien! c'est à Scala, duc très-loyal,
De juger et le meurtre et l'injure.
Qu'il parle! — A son arrêt ducal
Nous jurons d'obéir sans murmure.

LE HÉRAUT.

Il saura bien, dans ses justes décrets,
Juger le mort et celui qui demeure.
Donc venez tous, Montaigus, Capulets,
Après tant de combats, de la loi voici l'heure.

TOUS.

C'est à Scala, duc très-loyal,
De juger et le meurtre et l'injure.
Qu'il parle! — A son arrêt ducal
Nous jurons d'obéir sans murmure.

Le héraut rentre au palais. La foule le suit, et l'escorte ferme la marche. Deux hommes emportent le cadavre de Tybalt chez Capulet. Benvolio parle bas à Roméo et semble l'engager à fuir. Roméo fait un signe négatif et reste seul avec le moine.

SCÈNE VIII

ROMÉO, LORENZO,
puis JULIETTE, LA NOURRICE

LORENZO.

Et toi, ne veux-tu pas venir?

ROMÉO.

Non, je reste.

LORENZO.

Mais qui va prendre ta défense?

ROMÉO.

Mercutio sanglant, son trépas à punir.
　　　　La mort d'ailleurs, l'existence,
Tout m'est indifférent, excepté la sentence
De celle que je viens de frapper droit au cœur.

LORENZO.

Elle t'aime, et tu vis. Bénis la providence,
O mon fils, sois un homme, et résiste au malheur.

Indiquant du geste le palais Capulet.

Voici ta Juliette. Apaise-la.

ROMÉO.

Mon père!

JULIETTE, dans une agitation terrible, et courant à Roméo.

Cruel! qui t'aurait dit cette âme sanguinaire!
Qu'as-tu fait, malheureux, indigne de pardon!
Qu'as-tu fait en frappant cet ami, presqu'un frère,
　Douloureusement.
Avec moi qui t'aimais de tant d'amour naguère,
Oubliant pour t'aimer et ma race et ton nom.

LA NOURRICE, descendant les degrés du palais ducal.

Courage, allez, ma fille; et, sur mon âme,
Gardez-vous bien d'épargner cet infâme.
Coupable, il est banni.

JULIETTE, ROMÉO, LORENZO.

Banni !

LA NOURRICE.

Tel est l'arrêt.
Et pour quitter Vérone,
Le prince ne lui donne
Qu'un jour... — sinon la mort : et ce sera bien fait.
Car, en bonne justice,
Il est mieux qu'il périsse,
L'exil étant trop doux pour un pareil forfait.

JULIETTE, avec brusquerie, mais se contenant encore.

Tiens ta langue, nourrice,
Et respecte celui
Dont j'ai fait mon époux et seigneur aujourd'hui.
Éclatant.
Qu'importe de Tybalt ou la mort ou la vie !
Qu'importe avec Tybalt ma race ensevelie !
Qu'importe mille fois, quand l'exil abhorré
Menace les destins et la tête si chère,
De cet homme adoré.

ENSEMBLE

LA NOURRICE.

Elle a pitié de sa misère,
Elle aime encore un proscrit abhorré.

ACTE TROISIÈME

ROMÉO.

Elle a pitié de ma misère,
Elle aime encore et je la reverrai.

LORENZO.

Elle a pitié de sa misère,
Elle pardonne à l'époux adoré.

Le rideau tombe.

ACTE QUATRIÈME

LA CHAMBRE DE JULIETTE

A gauche, une grande ouverture fermée par un rideau. Le rideau une fois tiré laisse voir le balcon par où s'en ira Roméo, et auquel l'échelle de soie est suspendue. — Au lever de la toile, il fait nuit encore, et l'on entend chanter le rossignol. — Une lampe éclaire la scène.

SCÈNE PREMIÈRE

JULIETTE, assise, ROMÉO, endormi aux pieds de Juliette.

JULIETTE.

Est-ce bien toi dont la tendresse
A surpassé mon cher désir,
Toi dont j'ai pu sentir l'ivresse,
La partager, sans en mourir.
Les yeux charmés, l'âme ravie,
Je puis te voir sans épuiser
Ma joie immense, inassouvie ;
Mon cœur est plein à se briser,
Mon cœur déborde, et c'est ma vie
Que je te donne, ami, dans ce baiser.

ACTE QUATRIÈME

ROMÉO, s'éveillant.

O bonheur enivrant! volupté sans pareille!
Te voilà, mon amour; près de toi je m'éveille.

ENSEMBLE

JULIETTE et ROMÉO.

Langueur divine, ô moment
Que prolonge la nuit obscure,
Mots d'amour qui vont brûlant
De la lèvre qui les murmure
A l'oreille qui les entend.

Cri de l'alouette au dehors. — Le jour commence à poindre. — Roméo tressaille, puis se lève.

JULIETTE.

Hé quoi! déjà partir!

ROMÉO.

Entends-tu l'alouette?

JULIETTE.

Non, c'est le rossignol dont le chant a frappé
Ton oreille inquiète,
Crois-moi, tu t'es trompé.

ROMÉO.

C'est l'alouette matinale
Et c'est le jour qu'elle signale.

Écartant le rideau.

Vois, dans l'azur, les étoiles pâlir,
Quels feux jaloux ont rempli la campagne,
Vois le riant matin debout sur la montagne :
Il faut partir et vivre, ou rester et mourir.

JULIETTE.

Non, ce n'est pas le jour, c'est quelque météore
Qui de ses feux colore

La nuit, pour un moment.
Non, ce n'est pas le jour, ce n'est pas l'alouette,
Non, ce n'est pas le jour qui là-bas se reflète,
Reste encor, mon ami, mon époux, mon amant.

ROMÉO.

Eh bien! qu'ils viennent donc me surprendre ici même.
C'est la mort, je le sais. — Sans regret, j'y consens.
  Qu'ils viennent donc; je les attends,
  Ainsi le veut celle que j'aime.
Mourir sous ton regard, dans tes bras caressants,
Mourir pour toi sera ma volupté suprême,
Et je te bénirai jusqu'aux derniers accents.
  Tu disais vrai, ma Juliette,
Non, ce n'est pas le jour, ce n'est pas l'alouette,
Non, ce n'est pas le jour qui là-bas se reflète,
Dans mes bras viens encore, et causons, mon amour.

JULIETTE.

  C'est l'alouette matinale,
  Et c'est le jour qu'elle signale.
Adieu, mon bien si cher, ma vie. — Et maintenant,
Pars, va donc, va! — Mais songe auparavant,
  Qu'il me faudra souvent,
  Chaque jour des nouvelles,
A toute heure...

ROMÉO.

  J'aurai des messagers d'amour
  Diligents et fidèles,
   Qui sauront pour
  T'annoncer mon retour,
A l'oiseau prendre ses ailes.

JULIETTE.

Ainsi, tu crois qu'il peut venir,
  Effaçant tant d'alarmes,

Ce lointain avenir
Qui doit sécher mes larmes?

ROMÉO.

J'y crois, chère âme, et ne crains rien,
Car bientôt ces misères
Feront notre doux entretien,
Quand viendront les jours prospères.

JULIETTE.

Ah! viendront-ils?

ROMÉO.

Oui, mon cher bien.

ENSEMBLE

JULIETTE.

Pars sans tarder, et m'abandonne;
Que Dieu te garde, époux, ami, seigneur.
Pense à la foi que je te donne;
Et qu'un dernier baiser, fait d'amour, de douleur,
Te laisse mon âme et mon cœur.

ROMÉO.

Je te confie et t'abandonne
A Dieu qui t'aime et te doit le bonheur.
Pense à la foi que je te donne;
Et qu'un dernier baiser, fait d'amour, de douleur
Te laisse mon âme et mon cœur.

<small>Roméo prend à deux mains la tête de Juliette et lui donne le baiser d'adieu. I's marchent enlacés jusqu'au balcon; Roméo franchit la balustrade et descend par l'échelle de soie.</small>

SCÈNE II

JULIETTE, LA NOURRICE, puis CAPULET.

LA NOURRICE, entrant vivement

Est-il bien loin?

JULIETTE.

Hélas!

LA NOURRICE, tout en retirant l'échelle de corde accrochée au balcon.

C'est bon; vous pleurerez
Un autre jour. — Pour l'heure, vous saurez
Que Capulet me suit en grande diligence.

Entre Capulet. La nourrice s'esquive en dissimulant l'échelle

CAPULET.

Eh bien! toujours des pleurs! Calme-toi, mon enfant.
Si ton cousin n'est plus, songe que ma vengeance,
Dans l'exil, atteindra l'assassin triomphant.

JULIETTE.

O ciel!

CAPULET.

Laisse donc là cette mine contrainte,
Et causons de Pâris. — Le prince, en souvenir
Des services rendus par notre race éteinte,
M'accorde une faveur dont tu vas le bénir.
 « De cet hymen qui doit unir
» Juliette à Pâris, ta famille à la mienne,
» S'il naît un fils, a-t-il dit, je permets
» Que cet enfant fasse revivre et prenne

» L'antique nom des Capulets. »
Donc, aujourd'hui, j'entends que Pâris te conduise
Au vieux Saint-Paul, en cortége pompeux.
Pare-toi vite et porte dans l'église
Un visage joyeux.

JULIETTE, avec amertume.

Ainsi, mon père m'a donnée
Sans s'informer si j'en étais d'accord,
Sans que Pâris avant cet hyménée
Se fît aimer et connaître d'abord.

Résolûment.

Je ne veux pas que Pâris me conduise
Au vieux Saint-Paul, ni qu'il soit mon époux,
Et si l'on doit me mener à l'église
Ce sera morte;... entendez-vous.

CAPULET.

Pas un seul mot de plus, ou tremble, fille ingrate,
Que sur ton front n'éclate
La malédiction.
Obéis en silence.

Entre Lorenzo.

SCENE III

JULIETTE, CAPULET, LORENZO.

CAPULET.

Mais voici Lorenzo. Je laisse à sa prudence
Le soin de ramener par un sage sermon
Vos esprits qu'a troublés je ne sais quel démon.

JULIETTE, à Lorenzo.

Ah! Lorenzo, je suis perdue!
Rien ne peut fléchir son courroux.
Vous savez l'arrêt qui me tue,
            Par pitié, sauvez-nous.

LORENZO.

C'est Dieu qui lui-même ordonne,
    Quand un père a dit : je veux.
    Qu'il maudisse ou qu'il pardonne,
L'arrêt d'un père vient des cieux.

JULIETTE.

Pour me défendre, personne,
Quand j'entends cet ordre affreux.
O mon Dieu! tout m'abandonne,
Et sur la terre et dans les cieux!

CAPULET.

Quoi! j'aurais ménagé la plus belle alliance
Que l'on puisse former; et, l'ingrate en ce jour
            Briserait l'espérance,
            Rêve de mon amour.
Non, jamais.

ENSEMBLE

CAPULET et LORENZO.

C'est Dieu qui lui-même ordonne,
    Quand un père a dit : je veux.
    Qu'il maudisse ou qu'il pardonne,
L'arrêt d'un père vient des cieux.

JULIETTE.

Pour me défendre, personne,
Quand j'entends cet ordre affreux.
O mon Dieu! tout m'abandonne,
Et sur la terre et dans les cieux!

LORENZO, à Capulet.

Retirez-vous un instant. La menace
Ne fait que l'irriter; et, par un ton plus doux,
Mieux vaut toucher son cœur.

CAPULET.

Je vous cède la place.

SCÈNE IV

JULIETTE, LORENZO.

JULIETTE.

Lorenzo, vous aussi! — C'est vous,
L'homme de Dieu, qui voulez que je prête
Ma lèvre humide encor des baisers d'un époux,
Aux baisers que Pâris réserve à sa conquête.
Non, non, plutôt mourir!

LORENZO.

Je viens pour vous sauver.
J'en sais le moyen infaillible;
Mais, l'accepterez-vous? — Ce moyen est terrible.

JULIETTE.

Pour me garder à lui, je saurai tout braver.

LORENZO, lui donnant un flacon.

Prenez donc ce breuvage, et buvez-le, ma fille;
Pour deux jours et deux nuits, il vous endormira;
Morte vous paraîtrez, et l'on vous conduira,
Visage découvert, au tombeau de famille.
— Vous tremblez?...

JULIETTE.

Non, mon père.

LORENZO.

Averti par mes soins,
Roméo près de vous reviendra la nuit même ;
Il vous emmènera...

JULIETTE.

Que nous soyons rejoints
Et j'affronterai tout. Je suis forte : je l'aime.

<small>Capulet rentre et va à Lorenzo</small>

SCÈNE V

JULIETTE, LORENZO, CAPULET.

CAPULET.

Eh bien?

LORENZO.

Parlez, ma fille.

JULIETTE.

Allez chercher l'époux.

CAPULET.

Quel changement soudain !

LORENZO.

Grâce à Dieu.

CAPULET.

Grâce à vous,

<small>Lorenzo sort; Capulet le reconduit.</small>

SCÈNE VI

JULIETTE, CAPULET, puis LA NOURRICE.

CAPULET, revenant et appelant.

* Nourrice !

La nourrice accourt.

* Hé bien ! il faut aller chercher le comte
* Et l'instruire en deux mots...

Se ravisant.

* Non, j'y vais, et je compte
* Le ramener ici,
* Dans une heure. — Pardieu ! c'est un saint personnage
* Que ce révérend père ; et c'est un grand merci
* Que lui devra Pâris quand il saura ceci.

A Juliette.

Ce matin même a lieu le mariage.

LA NOURRICE, en haut

Ce matin ! — C'est bien court.

CAPULET.

Oui, pour midi sonnant,
Et tout-ira fort bien.

A la nourrice.

Toi, pare Juliette

Des présents de Pâris.

La nourrice sort.

Depuis que la fillette
Revient à la raison, c'est, ma foi ! surprenant,
Comme j'ai le cœur gai.

A Juliette, en s'en allant.

Donc, au revoir, ma chère.

JULIETTE.

Au revoir ! — non ; mais pour longtemps adieu, mon père.

Elle reste immobile et le regard fixe ; puis elle s'assied et pleure. — Entre la nourrice suivie de deux pages porteurs d'un riche coffret. — Les pages le déposent, puis se retirent.

SCÈNE VII

JULIETTE, LA NOURRICE.

LA NOURRICE, vidant le coffret devant Juliette.

Daignez regarder les bijoux
Dont Pâris, en galant époux,
    Vous fait hommage.
Mais d'abord, essuyons ces yeux :
Les pleurs porteraient à leurs feux
    Trop grand dommage.
Rien de plus fin que ces tissus ;
Gênes pour vous les a reçus
    D'Alexandrie.
Naples a pêché ce corail ;

Rome azura de cet émail
L'orfévrerie.
Vérone a fourni son brocart,
Milan, ce beau satin lombard
Et la guipure.
Florence a ciselé l'anneau,
Venise a brodé du manteau
La pourpre pure.
Mais vous regardez sans rien voir;
Rien ne peut donc vous émouvoir,
Rien ne vous flatte;
Et moi, je plains le prétendu;
Voilà bien de l'argent perdu
Pour une ingrate.

JULIETTE.

Eh quoi! pas un seul mot qui vienne de ton cœur,
Pas un seul, ô nourrice!
Lorsque tu vois le mien, brisé par la douleur,
Se débattre éperdu devant le sacrifice.

LA NOURRICE, tout en parant Juliette.

Mademoiselle, si j'avais
Un second hymen aussi près
En perspective,
Je trouverais mon sort bien doux,
Et dirais: « Béni soit l'époux
Qui nous arrive! »
Roméo, le joli galant,
N'était pas mal tourné vraiment,
De beau visage;
Mais ce blondin m'était suspect,
Et le vaillant Pâris me plaît
Bien davantage.
L'un avait, en jeune garçon,

De moustache à peine un soupçon,
L'aspect modeste.
L'autre est un superbe seigneur
Dont vous aurez profit, honneur,
Avec le reste.
Mais vos yeux ne savent rien voir,
Et rien ne peut vous émouvoir,
Rien ne vous flatte.
Vraiment je plains le prétendu,
Et tant de mérite perdu
Pour une ingrate.
Mademoiselle, si j'avais
Un second hymen aussi près
En perspective,
Je trouverais mon sort bien doux,
Et dirais : « Béni soit l'époux
Qui nous arrive. »

JULIETTE, ironique.

Vraiment, c'est admirable, et je n'en reviens pas,
O nourrice éloquente, en voyant que tu m'as
Rendu l'espoir et réconforté l'âme.

Se levant et brusquement.

Va-t'en !...

La nourrice stupéfaite recule, hésite un instant, puis sort enfin sur un nouveau geste de Juliette.

SCÈNE VIII

JULIETTE, seule.

Va-t'en, infâme;
A présent, je te hais,
De mes yeux, de mon cœur, je te chasse à jamais.

*Elle va s'accouder à la fenêtre, où elle reste plongée dans une rêverie douloureuse, jusqu'à la fin du chœur de la noce.

CHOEUR NUPTIAL, au dehors.

* L'heure a sonné, l'autel s'enflamme.
* Voici venir l'époux impatient;
* Pâris est là qui vous réclame;
* Il attend.

JULIETTE, comme sortant d'un rêve.

* Quoi déjà! c'est l'instant.

* Elle quitte la fenêtre et tire le rideau.

Le frisson de la mort glace mon sang;
J'ai peur...

Appelant.
A moi, nourrice!

Après un silence.
A quoi bon! terreur lâche!
Je dois seule accomplir ma formidable tâche.

Un silence.

Pourquoi trembler d'ailleurs? Dois-je pas au réveil
Dans les bras d'un époux me retrouver ravie?

Elle verse dans une coupe le contenu de la fiole que lui a donnée Lorenzo.

Salut, breuvage ami, verse-moi le sommeil,

Dernier et seul espoir qui m'attache à la vie;
C'est de toi que j'attends mon bonheur au réveil.
    Un silence.
Lorenzo ne veut pas me tromper; j'en suis sûre;
Et pourtant, doute affreux! si c'était du poison,
Du poison que le moine à quelque plante impure,
Pour me perdre, eût ravi...
                  Après un moment.
              Mais non. Je fais injure
A ce saint, et ma crainte est de la déraison.
    Avec terreur.
      Grand Dieu! si par un sort contraire,
J'allais me réveiller dans mon lit funéraire,
Avant l'heure prédite, avant que Roméo,
De retour en ces lieux, m'arrache du tombeau.
Dieu! tout mon sang frémit à l'image évoquée
Du destin qui m'attend en cet affreux séjour.
N'y vais-je pas rester et mourir suffoquée,
Sans revoir mon amant et sans revoir le jour.
         Et, si je suis vivante,
         Que devenir, hélas!
         Dans ces lieux d'épouvante
           Et de trépas,
         Où repose terrible,
         Sous le suaire blanc,
         Tybalt, chose horrible!
           Tout sanglant?
Dieu! m'éveillant alors aux clameurs effroyables
Des esprits enfermés dans cet affreux séjour,
Ne vais-je pas frapper ces murs inexorables
De ma tête en délire, et m'arracher le jour?
    Avec égarement.
Ah! que vois-je! Tybalt! — Son ombre courroucée
Menace mon époux... Arrête, et, contre moi,
Tourne ta rage...

Avec une grande expression.

A toi, Roméo, ma pensée,
A toi seul j'appartiens vivante et trépassée ;
Je bois à toi !

Elle vide la coupe, chancelle et tombe foudroyée. — Le rideau s'abaisse rapidement.

ACTE CINQUIÈME

Une partie du Campo-Santo. — Au milieu et presque sur le devant du théâtre, une chapelle funéraire éclairée par une petite lampe, et dont la grille à jour laisse voir Juliette étendue sur un lit de parade.

Au lever du rideau, la lune tombante éclaire vaguement le fond du théâtre et les cyprès qui entourent la chapelle. — A mesure qu'approche le dénouement, la clarté baisse, puis disparaît.

SCÈNE PREMIÈRE

JULIETTE, ROMÉO, BALTHAZAR.

Roméo entre rapidement, il est suivi de son page.

ROMÉO, au page.

Autour d'ici
Veille. — Sur son lit funéraire,
Je veux revoir ma dame, en sa pâleur dernière ;
Dans l'alcôve de mort, je veux m'étendre aussi.

Un silence.

Et maintenant adieu, pour le temps et la terre.
— Va...

Le page baise la main de Roméo et s'éloigne.

SCÈNE II

ROMÉO, JULIETTE, toujours endormie.

ROMÉO.

La force me manque, et je n'ose avancer.
Cependant j'ai voulu la revoir, l'embrasser,
Arroser de mes pleurs sa main inanimée,
  Et puis mourir...
Il force la grille à l'aide de son poignard, et se précipite vers Juliette.
  Ah! pauvre bien-aimée!
Te revoir ainsi, dans ce triste jour,
Toi, mon cher trésor, toi, le seul amour
  Que j'eusse en ce monde.
Dans tes yeux chéris, clos par le trépas,
Chercher la caresse et trouver, hélas!
  Une nuit profonde!
Te revoir ainsi, dans ce triste jour,
Toi, mon cher trésor, toi le seul amour
  Que j'eusse en ce monde.
Tremblant, éperdu, chercher vainement,
Sous un sein glacé, quelque battement,
  Sans qu'il me réponde!
Te revoir ainsi, dans ce triste jour,
Toi, mon cher trésor, toi, le seul amour
  Que j'eusse en ce monde!
Un silence.
Mais c'est assez pleurer; ô mort, tu peux venir.
  Plus rien ne m'attache à la terre;
Et toi, fais ton devoir, ô poison salutaire
  Qui va nous réunir.
Il tire de son pourpoint un flacon de métal; le vide, puis le rejette.

JULIETTE, comme dans un rêve.

Non, ce n'est pas encor l'aube nouvelle...

Elle se soulève.

Mais où suis-je? j'ai froid...

Avec angoisse.
Roméo, Roméo!

ROMÉO, tressaillant.

Par mon âme immortelle,
Seigneur, Dieu tout-puissant, c'est elle!
Elle, qui surgit du tombeau
Et dont la voix m'appelle.

Il saisit Juliette et l'entraîne éperdu sur le devant de la scène.

Miracle de l'amour!
La voilà dans mes bras, vivante, ranimée;
Son cœur bat sous ma main; ses yeux revoient le jour:
Tu vis, tu vis, ma bien-aimée.

ENSEMBLE

JULIETTE.

Par grâce, emporte-moi dans tes bras, sur ton cœur,
Loin d'un séjour qui me glace et m'oppresse.
Fuyons sous le ciel bleu; l'exil est sans douleur,
Où te suit ma tendresse.

ROMÉO.

Oh! viens et fuis, dans mes bras, sur mon cœur,
Loin d'un séjour qui te glace et t'oppresse,
Fuyons sous le ciel bleu; l'exil est sans douleur,
Où te suit ma tendresse.

Roméo entraîne Juliette, puis s'arrête, ressentant la première atteinte du poison.

A part.

Ah! le bonheur m'avait fait oublier mon sort.
J'appartiens au trépas, du trépas c'est l'étreinte.

A Juliette.

Que maudit soit l'instant où je crus à ta mort!

ACTE CINQUIÈME

JULIETTE.

Ignorais-tu la feinte
Que dicta Lorenzo ; comment j'y fus contrainte,
Pour fuir un hymen détesté?

ROMÉO.

Mon Dieu! j'ignorais tout.

JULIETTE.

N'est-ce pas un message,
Un mot de Lorenzo qui t'ont fait accourir?

ROMÉO.

Non. L'on te disait morte.

JULIETTE.

Eh bien! reprends courage
Sous mon baiser...
Un silence.
Mais quoi! tu changes de visage,
Qu'as-tu donc?

ROMÉO.

Ce que j'ai! — J'ai que je vais mourir.

JULIETTE.

Toi mourir! Qu'as-tu dit? et quel délire emporte
Tes sens, ta raison?

ROMÉO.

Je te croyais morte,
Et j'ai bu ce poison.
Il tombe.

JULIETTE, éperdue.

Ah! cher époux!...
Un silence.
Qu'il fut court le moment d'ivresse
Que le sort fit à notre amour.

ROMÉO, se relevant peu à peu.

Oui, je t'avais promis un moins triste retour,
Chère femme. Pardonne à ma détresse.
C'est la dernière douleur
Dont l'amant, dont l'époux doit affliger ton cœur.

JULIETTE.

Donne-moi le fatal breuvage.

ROMÉO.

Rien n'en reste, enfant, pour ta part.

JULIETTE.

Ah! cruel, aie donc ce courage,
Et frappe-moi : tiens, voici ton poignard.

ROMÉO, se relevant tout à fait.

Non : vis encore.

JULIETTE.

Moi vivre quand tu meurs, vivre encore après toi!
Oh! le cruel qu'en vain j'implore,
Il veut mourir sans moi.

ROMÉO.

J'y vois à peine,
Prends-moi sur ton sein;
Ma main incertaine
Cherche ta main.

JULIETTE, pleurant.

Moi te survivre!

ROMÉO.

Ah! ne pleure pas.

JULIETTE.

Ne pas te suivre!

ROMÉO.

Car tes pleurs, hélas !
Me font mal...

D'une voix éteinte.
Ah ! souviens-toi, Juliette.

Adieu...

Il retombe et meurt.

JULIETTE.

Plus rien. — La voix adorée est muette ;
Tout est fini. — Que le même tombeau
Nous reçoive tous deux, ô mon cher Roméo.

Elle se frappe et tombe. — Le rideau baisse rapidement.

FIN

Imprimerie générale de Châtillon-sur-Seine. — Jeanne Robert.

www.ingramcontent.com/pod-product-compliance
Lightning Source LLC
LaVergne TN
LVHW051500090426
835512LV00010B/2252